LA BATALLA DEL ATLÁNTICO

La campaña más larga
de la Segunda Guerra Mundial

Por Martin Wilfart
En colaboración con Antoine Baudry
Traducido por Laura Bernal Martín

Historia en50MINUTOS.es

LA BATALLA DEL ATLÁNTICO

DATOS CLAVE

- **¿Cuándo?** Del 3 de septiembre de 1939 al 8 de mayo de 1945
- **¿Dónde?** En el océano Atlántico
- **¿Contexto?** La Segunda Guerra Mundial (1939-1945)
- **¿Beligerantes?** Las fuerzas navales aliadas (el Reino Unido, Canadá y los Estados Unidos) contra las fuerzas del Eje, formadas por la Kriegsmarine (Tercer Reich) y la Regia Marina (Reino de Italia)
- **¿Principales protagonistas?**
  - Erich Raeder, almirante alemán (1876-1960)
  - Karl Dönitz, almirante alemán (1891-1980)
  - Ernest Joseph King, almirante estadounidense (1878-1956)
  - Sir Max Kennedy Horton, almirante británico (1883-1951)
- **¿Resultado?** Victoria aliada
- **¿Víctimas?**
  - Bando aliado: alrededor de 45 000 muertos
  - Bando del Eje: alrededor de 25 000 muertos

INTRODUCCIÓN

La batalla del Atlántico es la campaña más larga de la Segunda Guerra Mundial. En ella, ambos bandos movilizan recursos extraordinarios, tanto humanos como materiales, y estará marcada en muchas áreas por avances técnicos significativos que revolucionarán la guerra naval.

El 3 de septiembre de 1939, a las 21:00, solo diez horas después de la proclamación del estado de guerra entre el Reino Unido y el Tercer Reich, el Athenia, un transatlántico británico de 13 500 toneladas que se dirige a Nueva York, es torpedeado por el submarino alemán U-30, provocando la muerte de 122 de las 400 personas que iban a bordo. Son las primeras víctimas de una campaña que durará 68 meses y en la que zozobrarán miles de navíos, llevando a la muerte a decenas de miles de marineros.

Lo que está en juego en la batalla es extremadamente importante: los alemanes quieren conseguir la supremacía en el océano Atlántico para evitar que los británicos reciban ayuda del continente americano y de las colonias británicas. Esperan así asfixiar a estos últimos, los únicos opositores al régimen nazi en Europa tras la rendición de Francia en junio de 1940, y obligarlos a rendirse. Sin embargo, los alemanes, aunque siguen una estrategia eficaz que se basa principal-mente en el uso de submarinos, no conseguirán que los Aliados se dobleguen, ya que estos últimos logran transportar los hombres y el material necesarios para emprender la conquista de la Europa ocupada.

CONTEXTO POLÍTICO Y SOCIAL

LAS CAUSAS DE LA SEGUNDA GUERRA MUNDIAL

La batalla del Atlántico, lo que está en juego en ella y su desarrollo solo pueden comprenderse si se sitúan en un contexto mucho más amplio: el de la Segunda Guerra Mundial. A pesar de que la guerra comienza oficialmente el 1 de septiembre de 1939 con la invasión de Polonia por Alemania, este conflicto se remonta a un pasado más lejano. Así, entre los muchos factores que provocan la conflagración del mundo, destacan:

- la aplicación de las decisiones que se toman al final de la Primera Guerra Mundial, que se aprueban con la firma del Tratado de Versalles en 1919. Las cláusulas del acuerdo imponen a los Estados vencidos fuertes sanciones económicas, militares y territoriales, que provocan que los pueblos que han perdido la guerra sientan un creciente resentimiento y un deseo de venganza;
- este sentimiento favorece la aparición de partidos políticos con tendencias nacionalistas e incluso totalitarias, cuyo objetivo es recuperar una gloria que se habría perdido durante el armisticio de 1918. Así, en Italia, Benito Mussolini (1883-1945) se hace con el poder con su partido fascista, que agrupa a los decepcionados por la Primera Guerra Mundial que consideran que Italia —aun estando en el bando de los vencedores de 1918— ha salido perjudicada de las negociaciones de paz;
- la crisis económica que comienza en los Estados Unidos

en 1929 se extiende rápidamente y arruina la economía de los países industrializados en unos pocos meses. Sus efectos son especialmente devastadores en los países sujetos a las duras condiciones del Tratado de Versalles. Por lo tanto, esta crisis, combinada con el sentimiento de venganza de la población, permite que en 1933 acceda al poder en Alemania el Partido Nacionalsocialista Obrero Alemán, liderado por Adolf Hitler (1889-1945);

- los deseos expansionistas de hombres como Adolf Hitler y Benito Mussolini les empujan a querer adquirir nuevos territorios. En la Alemania nazi se habla de pangermanismo, un movimiento que pretende reunir a todas las poblaciones de cultura, lengua o «raza» alemana en el seno de un gran imperio. El Führer lleva esta idea a su clímax afirmando que, cuando estas poblaciones se hayan reunido, habrá que expandir el territorio para adquirir la tierra que el pueblo necesite para sobrevivir;
- la Sociedad de las Naciones, creada en 1919 durante la firma del Tratado de Versalles con el fin de evitar el estallido de un nuevo conflicto mundial, no logra restablecer la situación porque carece de medios de presión;
- en septiembre de 1940 se crea el eje Roma-Berlín-Tokio, una alianza económica y militar entre Italia, la Alemania nazi y el Imperio japonés;
- el rearme de las tropas alemanas comienza en el momento en que Adolf Hitler llega al poder, mientras que la producción de las fábricas de armamento se mantenía en los mínimos tras los acuerdos del Tratado de Versalles. De esta forma, el Führer espera reactivar la economía del país, hasta ese momento minada, por una parte, por las compensaciones a las naciones vencedoras de la Primera

Guerra Mundial y, por otra parte, por la crisis de 1929.

Todos estos factores hacen que el estallido de una guerra en el continente europeo sea inevitable. Aunque Francia y el Reino Unido se mantienen relativamente inactivos durante la anexión a Alemania de Austria (marzo de 1938) y de Checoslovaquia (marzo de 1939), le envían un ultimátum cuando, el 1 de septiembre de 1939, los ejércitos de Hitler invaden parte de Polonia, marcando el inicio de la Segunda Guerra Mundial.

Soldados alemanes arrancando una barrera en la frontera polaca, el 1 de septiembre de 1939.

LOS DESAFÍOS DE LA BATALLA DEL ATLÁNTICO

La batalla del Atlántico comienza el 3 de septiembre de 1939. En cuanto tiene conocimiento de los ultimátums lanzados en su contra, Adolf Hitler pide la instauración de medidas destinadas a paralizar todas las importaciones del Reino Unido que transitan por el Atlántico. En vísperas del conflicto, el Reino Unido lidera, de hecho, un imperio colonial muy importante cuya economía y sector industrial se basan en gran medida en el suministro de materias primas procedentes de las colonias. Por lo tanto, los alemanes quieren evitar cualquier suministro por vía marítima para paralizar la economía del país, provocar la hambruna de su pueblo y obligar al Gobierno a rendirse.

mana —las pérdidas británicas son, de hecho, mucho más importantes—, es Inglaterra la que sale victoriosa, ya que la flota alemana se ve forzada a retirarse y no volverá a intentar ninguna nueva incursión antes del fin de la guerra.

No obstante, los alemanes no han dicho su última palabra e intentan a su vez imponer un bloqueo al Reino Unido utilizando un nuevo artefacto: los submarinos. Aunque se lanza una primera operación en 1915, habrá que esperar al mes de febrero de 1917 para ver aparecer la guerra submarina a ultranza, una verdadera pesadilla para los británicos, que perderán numerosos hombres y navíos.

LA MARINA ALEMANA EN LOS ALBORES DE LA SEGUNDA GUERRA MUNDIAL

No obstante, un importante problema impide que los alemanes puedan poner en marcha su plan de control del océano Atlántico y de bloqueo al Reino Unido. De hecho, tras el Tratado de Versalles, se imponen restricciones a las fuerzas alemanas en materia armamentística. El poderoso ejército de 1918 se transforma, en efecto, en un ejército de defensa con el fin de limitar al máximo su capacidad de desatar un nuevo conflicto. Pero cuando Adolf Hitler llega al poder en 1933, sueña con dotar a Alemania de un vasto imperio. Con todo, para que sus deseos se hagan realidad necesita un gran número de efectivos armados de los que carece en ese momento. De hecho, la marina de guerra alemana solo cuenta con algunos pequeños buques de guerra, la mayoría obsoletos, cuyo tonelaje máximo (es decir, la suma del peso de todos los navíos de la flota) no puede exceder las 10 000 toneladas. El tonelaje máximo permitido para el conjunto de la flota alemana está limitado a 108 000 toneladas, lo que, teniendo en cuenta los estándares militares de la época, es casi insignificante y no le deja muchas posibilidades al Führer. Sin embargo, después de varias negociaciones, Hitler logra llegar a un acuerdo con el Gobierno británico, que le permite desarrollar una flota que no sobrepase el 35 % del tonelaje de la flota de superficie y el 45 % del tonelaje de la flota submarina de la Royal Navy.

Por lo tanto, durante los años treinta, los astilleros de construcción alemanes vuelven a ponerse en marcha para producir nuevos buques de guerra. Desde un punto de vista económico, el canciller alemán utiliza los astilleros para crear empleo en una Alemania con una economía moribunda. A pesar de sus esfuerzos, en la víspera del conflicto el tonelaje de la flota británica sigue siendo ocho veces superior al de la alemana.

LA MARINA BRITÁNICA: ¿UN COLOSO CON PIES DE BARRO?

Construir una flota capaz de competir con la británica es una empresa casi imposible. De hecho, Inglaterra es la primera potencia colonial mundial, por lo que necesita una marina capaz de proteger a sus colonias y las vías marítimas que llevan a ellas. En vísperas de la Segunda Guerra Mundial, es la que cuenta con la mayor fuerza naval. Sin embargo, esta no está exenta de defectos:

- está envejecida y no está adaptada a las nuevas batallas navales que surgirán durante la Segunda Guerra Mundial;
- no tiene suficiente cantidad de buques de escolta, cuya función es proteger a otros buques de los ataques de submarinos;
- debido a la extensión del Imperio colonial británico, está distribuida por todo el mundo para garantizar la protección de sus posesiones.

ACTORES PRINCIPALES

ERICH RAEDER, ALMIRANTE ALEMÁN

Retrato de Erich Raeder.

Erich Raeder nace en 1876 en las afueras de Hamburgo

(norte de Alemania). En cuanto acaba sus estudios de secundaria, comienza una carrera en la marina de guerra alemana. Durante la Primera Guerra Mundial, forma parte del Estado Mayor del almirante Franz von Hipper (1863-1932), con el que participa en varios combates contra la Royal Navy. En 1925, obtiene el rango de vicealmirante y, tres años más tarde, el de almirante.

Cuando Adolf Hitler llega al poder, integra a Erich Raeder en su proyecto de restauración de la flota alemana, el plan Z, que consiste en construir seis acorazados, dos portaaviones, 225 submarinos y numerosos cruceros y destructores. También le pide consejo para definir las directrices que debe seguir la Kriegsmarine (marina de guerra alemana) en el marco de una guerra naval de gran magnitud. Este le sugiere privilegiar la construcción de grandes navíos de guerra de superficie antes que submarinos. En 1936 es nombrado comandante en jefe de la Kriegsmarine y, tres años más tarde, recibe el prestigioso título de gran almirante.

Después aconseja al Führer invadir Noruega y Dinamarca en 1940 para evitar que los británicos y los franceses instalen bases y para proteger la ruta comercial del mineral de hierro sueco, esencial para la industria de guerra alemana. Pero, poco a poco, Erich Raeder pierde la influencia que ejercía sobre Adolf Hitler, ya que sus navíos de superficie resultan ser menos eficaces de lo que había predicho antes de la guerra. De este modo, varios contratiempos, como la pérdida del Bismarck, buque insignia de la marina alemana, y la derrota en la batalla de Barents (31 de diciembre de 1942), le hacen perder toda credibilidad ante los éxitos logrados por los submarinos. Dimite el 30 de enero de 1943 y le reemplaza Karl Dönitz. Después de dejar el cargo y de perder la influencia que ejercía sobre el Führer, Erich Raeder se pasa el resto de la guerra sin una asignación real y lo alejan del poder. Después del conflicto, el Tribunal de Núremberg lo condena en 1946 a cadena perpetua, sobre todo por su participación en el rearme de Alemania, prohibido por el Tratado de Versalles. Sin embargo, Erich Raeder es liberado en septiembre de 1955 debido a su delicado estado de salud, y muere cinco años más tarde.

KARL DÖNITZ, ALMIRANTE ALEMÁN

Retrato de Karl Dönitz.

Karl Dönitz es un oficial de la marina alemana nacido en 1891 en Berlín. En 1910 se inscribe en la marina de superficie. Durante la Primera Guerra Mundial, sirve en un crucero en el Mediterráneo y en el mar Negro antes de recibir una formación de submarinista en 1916. En 1917, lucha desde un submarino, y a continuación, entre marzo y septiembre de 1918, obtiene el mando del UC-25. En octubre, es capturado por los británicos después de su nombramiento como comandante del UB-68. Después de la guerra es puesto en libertad, vuelve a Alemania en 1920, y se adhiere a las ideas del Partido Nazi.

Enormemente respetado por Adolf Hitler —que lo designará su sucesor al frente del Tercer Reich antes de suicidarse en 1945—, trata de convencer al Führer de convertir la Kriegsmarine en una enorme flota de combate submarina y abandonar los grandes navíos de superficie deseados por Erich Raeder. En 1936 se convierte en jefe de la flota submarina alemana. Al ver la efectividad de los U-Boot (abreviatura de *Unterseeboot*, que significa «submarino») de Karl Dönitz en la batalla del Atlántico, Hitler lo nombra jefe de la Kriegsmarine después de la renuncia de Erich Raeder.

Desde entonces, se esfuerza por desarrollar la táctica conocida como Rudeltaktik («táctica de la manada de lobos») que consiste en un ataque en grupo de submarinos alemanes contra los convoyes de las fuerzas aliadas. Esta estrategia permitirá que, durante un tiempo, la balanza se incline a favor del bando alemán en la batalla del Atlántico.

En 1936, Alemania firma el Convenio de Londres, que prohíbe la guerra submarina a ultranza después de la devastación causada durante la Primera Guerra Mundial. Aunque inicialmente Adolf Hitler y Erich Raeder se inclinan a respetar este principio, lo que explica en parte el que se privilegie la producción de navíos de superficie, los grandes reveses que sufre la Kriegsmarine durante los primeros años del conflicto y los éxitos de los U-Boot empujarán al Führer a desarrollar profundamente el arma submarina.

Hasta el final de la guerra, Karl Dönitz ocupa el cargo de jefe de la marina de guerra alemana. A la muerte de Adolf Hitler, se convierte en líder de lo que queda del Tercer Reich y decide comenzar a negociar la paz con los Aliados occidentales. Bajo sus órdenes, el general Alfred Jodl (1890-1946) firmará la capitulación de Alemania en Reims, el 7 de mayo de 1945.

Karl Dönitz es entonces detenido y juzgado en Núremberg, y lo condenan a diez años de cárcel. Tras ser puesto en libertad, lleva una existencia tranquila antes de morir de un ataque cardíaco en 1980.

SIR MAX KENNEDY HORTON, ALMIRANTE BRITÁNICO

Retrato de Sir Max Kennedy Horton.

Sir Max Kennedy Horton, que nace en Rhosneigr (norte del País de Gales) en 1883, es un oficial superior de la marina británica. Se une a la Royal Navy en 1898, asciende poco a poco de rango y, a partir de septiembre de 1914, dirige un submarino. Participa en muchas operaciones durante la Primera Guerra Mundial en el mar del Norte y en el mar Báltico.

En 1932, es nombrado contraalmirante y luego vicealmirante y, cinco años más tarde, se convierte en jefe de la flota de reserva. Cuando estalla la Segunda Guerra Mundial, participa en la defensa de Inglaterra antes de convertirse en jefe de la flota de submarinos, en enero de 1940. El 17 de noviembre de 1942 es nombrado jefe de los accesos occidentales (Western Approaches Command) y es responsable de los navíos de la zona del Atlántico, convirtiéndose así en el principal responsable de la Royal Navy durante la batalla del Atlántico.

Enseguida instaura nuevas tácticas para reducir el número de barcos aliados hundidos por las fuerzas alemanas, en particular por los U-Boot de Karl Dönitz. Según él, es imposible evitar a los grupos de submarinos alemanes, por lo que es importante luchar contra ellos. Para hacerlo, Max Kennedy Horton intensifica los entrenamientos de las tripulaciones de los buques que escoltan los convoyes aliados. También crea unidades de apoyo rápidas que pueden acudir a reforzar a los escoltas en caso de ataque submarino. Este nuevo enfoque permitirá limitar el número de navíos hundidos por submarinos en el Atlántico.

Al final de la guerra, Max Kennedy Horton pide la jubilación. Entonces deja la Royal Navy y es ordenado Caballero de la Gran Cruz de la Orden del Baño, distinción honorífica concedida a los militares y altos funcionarios británicos. Fallece apaciblemente en 1951.

ERNEST KING, ALMIRANTE ESTADOUNIDENSE

Retrato de Ernest King.

Ernest King nace en 1878 y es un almirante estadounidense al mando de las fuerzas de la US Navy durante la batalla del Atlántico. En 1897 se inscribe en la Academia Naval e interviene desde el principio en los conflictos en los que participan los Estados Unidos, como la guerra hispano-estadounidense (abril-agosto de 1898) y la Revolución mexicana (intervención estadounidense en Veracruz en 1914), lo que le permite ganar experiencia.

Durante la Primera Guerra Mundial, sirve con el vicealmirante Henry Mayo (1856-1937) y participa en varias operaciones de la Royal Navy en calidad de observador. Tras la guerra, Ernest King es transferido a la flota submarina estadounidense con el grado de capitán, puesto que ocupa entre 1923 y 1925. Posteriormente, le envían a la aeronáutica naval, unidad aérea de la US Navy. Sube de rango hasta convertirse en comandante de las fuerzas aeronavales en 1936, y en vicealmirante dos años más tarde. Cuando los Estados Unidos entran en guerra en 1941, es nombrado comandante de la flota estadounidense. En 1942 le nombran jefe de operaciones navales y participa en la batalla del Atlántico. También es él quien organiza los convoyes estadounidenses y el envío de material y de tropas estadounidenses a Europa.

El almirante Ernest King abandona la US Navy a finales de 1945, pero le vuelven a llamar rápidamente para ocupar el cargo de asesor para la secretaría de la Marina de los Estados Unidos. Fallece de una crisis cardíaca en 1956.

ANÁLISIS DE LA BATALLA

EL COMIENZO DE LA BATALLA

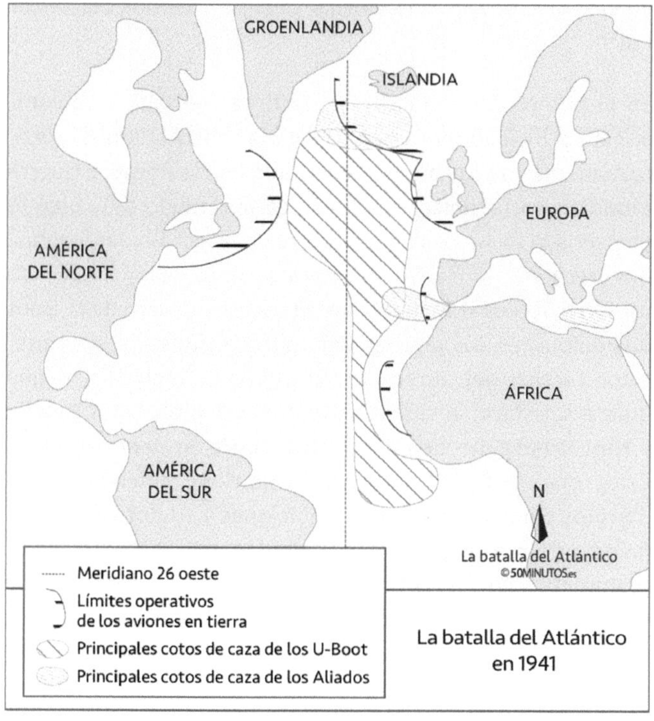

La batalla del Atlántico comienza el día en que se anuncia el estado de guerra entre Inglaterra, Francia y la Alemania nazi. Las primeras víctimas son los pasajeros del transatlántico inglés Athenia, torpedeado por el U-Boot U-30. Dos días más tarde, el SS Royal Spectrum, un carguero británico, se hunde en las aguas del Atlántico, víctima del U-48. Estas dos primeras pérdidas representan bien lo que será la batalla del Atlántico: una lucha encarnizada entre los navíos aliados que cruzan el Atlántico y los submarinos del Tercer Reich.

En el primer día de la guerra, la flota alemana está compuesta principalmente por 57 submarinos y algunos cruceros, además de los buques heredados de la Primera Guerra Mundial. Karl Dönitz, que había comprendido muy bien lo que sería la lucha contra las fuerzas navales aliadas, calcula que necesita unos 300 submarinos para llevar a cabo su misión y doblegar a Inglaterra. El escaso número de U-Boot disponibles en los albores del conflicto muestra el primer error táctico del almirantazgo alemán. Adolf Hitler, que quiere satisfacer a sus dos asesores navales, Erich Raeder y Karl Dönitz, no deja claro qué dirección debe tomar la Kriegsmarine. Por ello, Alemania no tiene suficientes submarinos para satisfacer sus ambiciones y su flota de superficie no es lo suficientemente grande como para preocupar realmente a las fuerzas navales aliadas. Sin embargo, varias naves logran grandes éxitos, como el crucero Graf Spee, que destruye nueve navíos antes de ser saboteado en diciembre de 1939, o incluso buques mercantes aparentemente inofensivos que esconden armas con el fin de atacar otros buques comerciales.

Antes del comienzo de la guerra, Adolf Hitler sabe que para poder maniobrar en el Atlántico, donde abundan los buques aliados, sus submarinos, que vienen desde el mar Báltico, deben pasar por el norte de Escocia. Sin embargo, los modelos de los que dispone no tienen suficiente autonomía como para dar tal rodeo. Por tanto, es vital apoderarse de los puertos franceses para acceder directamente al océano Atlántico y así cerrarle el paso a los navíos aliados. Así pues, la toma de Francia en el mes de junio de 1940 le otorga a los alemanes estos ansiados territorios costeros. Desde ese momento, Karl Dönitz tiene a su disposición todos los medios necesarios para desplegar a sus submarinos y atacar con mayor facilidad los convoyes transatlánticos. Entonces se crean bases submarinas en el litoral atlántico francés (en Brest, Lorient, La Rochelle, Saint-Nazaire y Burdeos). Aunque la flota alemana se ve limitada a su territorio durante los primeros meses del conflicto, esta toma le da ventaja en la batalla del Atlántico: hasta 1941-1942, la empresa alemana es exitosa y las pérdidas aliadas son numerosas.

¿SABÍAS QUE...?

Para aliviar a la marina británica, los Estados Unidos instauran una zona neutral en abril de 1941 que cubre la totalidad del océano Atlántico al oeste del meridiano 26 oeste (meridiano que va del oeste de Islandia al este de Brasil), zona en la que su flota se asegura la protección de los convoyes que se dirigen a Inglaterra. En un período en que los Estados Unidos aún no han entrado en guerra, esta decisión tiene la ventaja de disuadir a los submarinos alemanes de atacar en la zona y permitir que los británicos puedan redistribuir sus barcos de escolta a otras partes del Atlántico. Cuando entran en guerra en diciembre de 1941, esta zona neutral se convierte en un coto de caza abierto para los submarinos alemanes, que logran grandes éxitos, mientras que las fuerzas navales aliadas resultan en un primer momento incapaces de proteger una zona tan extensa.

LA TÁCTICA DE LA MANADA DE LOBOS

A pesar de los escasos efectivos alemanes, la marina británica va a la zaga a nivel tecnológico y, cuando estalla el conflicto, carece de navíos adaptados para escoltar convoyes o para luchar contra los ataques de submarinos. Por lo tanto, esta situación facilita enormemente el trabajo de los U-Boot, lo que les permite causar estragos durante los primeros meses de guerra.

La situación aliada se vuelve aún más crítica cuando el almirante Karl Dönitz desarrolla, en octubre de 1940, la llamada táctica de «manada de lobos», que consiste en agrupar a los submarinos en «manadas» formadas por entre tres y treinta sumergibles separados por algunas millas náuticas de distancia (una milla náutica equivale aproximadamente a 1850 metros). Cuando uno de los U-Boot encuentra un convoy aliado, da la señal de agrupación a los otros miembros de su manada. Entonces los submarinos siguen el rastro de las ondas de radio emitidas por la unidad que ha identificado a los objetivos potenciales. Una vez que el grupo se ha vuelto a formar, los «lobos» atacan al convoy, normalmente por la noche y en la superficie. Aunque el ataque se realiza en grupo, este no está coordinado.

Solo en una directiva de guerra que data del 6 de febrero de 1941, Adolf Hitler reconoce, por una parte, que la guerra submarina es la mejor manera de perjudicar la economía inglesa y de paralizar el esfuerzo de guerra aliado y, por otra parte, que es primordial atacar los buques mercantes. Por lo tanto, hace que el número de U-Boot activos en el Atlántico aumente significativamente. Sin embargo, el Führer comete un error estratégico al asignarle a la Luftwaffe —la aviación alemana, bajo el mando de Hermann Goering (mariscal y político alemán, 1893-1946)— el bombardeo de ciudades británicas, en vez de ordenarle que ponga a disposición de la Kriegsmarine aviones para atacar y encontrar a los convoyes aliados en el Atlántico. La invasión de Rusia en junio de 1941 apenas mejora la situación, ya que una gran parte de la Luftwaffe se distribuye en el frente oriental, privando a los alemanes de un activo importante en la batalla del Atlántico.

EL «AGUJERO NEGRO» Y LAS CONDICIONES DE VIDA DE LOS MARINOS EN EL CORAZÓN DE LA BATALLA

Una zona del océano Atlántico, apodada el «agujero negro», es conocida como el coto de caza favorito de los «lobos» de Karl Dönitz. Se trata de una amplia zona del océano en la que los navíos aliados no pueden esperar ayuda alguna de la aviación, ya que los británicos y los canadienses no disponen, en ese momento, de aviones con el radio de acción suficiente para cubrir y controlar esta parte del océano. Aquí, los convoyes aliados dependen de sí mismos y nadie les puede advertir de la presencia de submarinos alemanes. El peligro está omnipresente y la vida de los hombres a bordo de los navíos es muy dura. Al estrés, la tensión constante y la fatiga se añaden el mal tiempo, el frío y un mar en constante agitación.

La suerte de los submarinistas alemanes no es mucho mejor. De hecho, están sometidos al confinamiento y a la falta de espacio. Las pocas salidas a la superficie de los U-Boot se hacen generalmente de noche y su objetivo es renovar el oxígeno. Además, durante los combates, los marinos alemanes saben que cualquier entrada de agua en su sumergible tiene muchas posibilidades de ser fatídica. Esto se debe especialmente al hecho de que las baterías eléctricas que le permiten a los U-Boot navegar en sumersión contienen un ácido que emite gases mortales cuando entra en contacto con el agua.

LAS PRIMERAS DIFICULTADES PARA LA KRIEGSMARINE

Mientras los U-Boot consiguen algunas victorias en el océano Atlántico, varios acontecimientos empañan el entusiasmo en el bando alemán. En mayo de 1941, el U-110 se ve obligado a salir a la superficie y es capturado por buques de escolta aliados. Estos descubren los códigos de la máquina de cifrado de los mensajes alemanes, la famosa máquina Enigma, y todos los documentos que la acompañan (códigos meteorológicos, abreviaturas, etc.). Este descubrimiento permite a los Aliados descifrar algunos de los mensajes que los navíos alemanes envían a su almirantazgo, y descubren así las ubicaciones de los submarinos de la Kriegsmarine. Ahora pueden desviar los convoyes de las patrullas alemanas y rastrear a estos últimos. Sin embargo, en febrero de 1942, los alemanes adoptan un nuevo modelo de la máquina Enigma, que será descubierto por los Aliados a finales de año.

Fotografía de un operador de radio dentro de un U-Boot. A bajo a la izquierda, se puede observar la máquina Enigma.

Además, la organización del ejército alemán no está hecha para ayudar a la Kriegsmarine. De hecho, esta carece de aviones para proteger a sus navíos, para localizar los convoyes aliados y para intentar destruirlos. Hermann Goering, comandante de la Luftwaffe, no se inclina a ofrecerle dispositivos a la marina ya que no reconoce la importancia de su tarea durante la guerra y prefiere privilegiar el bombardeo de las ciudades del centro de Inglaterra. Sin embargo, este es un error estratégico porque, al contrario de las fuerzas nazis, el ejército británico pone a disposición de la Royal Navy una unidad aérea que depende directamente del almirantazgo, capaz de localizar a los U-Boot y atacarlos. Estos aparatos británicos tendrán una importancia cada vez mayor durante la batalla.

El almirantazgo alemán se enfrenta también a la relativa ineficacia de la Regia Marina, que desde la llegada al poder de Benito Mussolini tiene su propia flota de submarinos. Pero estos navíos, diseñados para navegar en el Mediterráneo, no están bien adaptados a la navegación y al combate en aguas tan caprichosas como las del océano Atlántico. Así, los italianos solo pueden desempeñar un papel menor en la campaña atlántica.

El 27 de mayo, la población alemana sufre una nueva decepción cuando se entera de la destrucción del Bismarck, un flamante acorazado que era el orgullo de la nación. Este evento le demuestra a Alemania que Erich Raeder se ha equivocado y que la victoria no se logrará gracias a los buques de superficie.

Finalmente, el último elemento que cambia el curso de las batallas en el Atlántico durante el año 1941 es la entrada en guerra de los Estados Unidos en diciembre, que llegan a un acuerdo con los británicos y los canadienses para controlar las vías navegables del Atlántico.

LOS «LOBOS» RECUPERAN LA FUERZA

A pesar de que los americanos afirman que quieren mantener las rutas comerciales del Atlántico, tardan en organizar las escoltas de sus convoyes, dándole tiempo a los U-Boot e incluso a algunos submarinos italianos enviados a lo largo del litoral estadounidense a continuar con sus operaciones. Durante los primeros meses de 1942 los submarinos del Eje hunden no menos de 200 buques mercantes sin que los primeros encuentren una verdadera resistencia por parte de las fuerzas americanas.

Esto se explica, en parte, por el hecho de que los Aliados son sorprendidos por los alemanes que, habiendo descubierto que los británicos podían descifrar sus mensajes, modifican la máquina Enigma e introducen nuevos códigos. Habrá que esperar al mes de diciembre de 1942 para que los Aliados puedan descifrar de nuevo los mensajes enviados por las fuerzas alemanas en el Atlántico.

Gracias a los éxitos de los sumergibles, Karl Dönitz ve cómo sus efectivos de U-Boot aumentan de manera significativa. Así, en junio de 1942, dispone de más de 300 submarinos, a los que se añaden otros 100 en el mes de diciembre. Sin embargo, estos no se utilizan simultáneamente. En efecto, una parte de ellos se dedica al entrenamiento de las tripulaciones en el mar Báltico. Además, el aumento del número de efectivos va de la mano con la puesta en marcha de nuevos dispositivos. Así, desde el invierno de 1941-1942, aparecen submarinos especiales listos para abastecer a los U-Boot con diésel y municiones en alta mar, lo que les permite estar activos más tiempo.

EL FIN DE LA ESPERANZA ALEMANA

Sin embargo, la situación dista mucho de ser la ideal para el mando de las fuerzas submarinas alemanas y para sus tripulaciones, puesto que los Aliados hacen todo lo posible para reducir sus pérdidas y luchar eficazmente contra los sumergibles alemanes: los convoyes están más protegidos; los buques de escolta están mejor preparados gracias a Max Kennedy Horton y a Ernest Joseph King; la cobertura aérea es mayor; se utilizan nuevas granadas submarinas; los radares y los sonares han mejorado, etc. Por lo tanto, aunque el año de 1942 marca el punto culminante de la dominación de los submarinos alemanes en el Atlántico, la situación ahora está cambiando. Mientras que la industria americana produce naves estandarizadas para reemplazar las pérdidas, a los alemanes les cuesta cada vez más mantener el ritmo.

En vista del creciente número de pérdidas entre sus hombres y de la disminución de su eficacia, Karl Dönitz, ahora comandante en jefe de la Kriegsmarine, saca durante el verano de 1943 a la mayor parte de sus U-Boot del Atlántico, a la espera de nuevos modelos más sofisticados. Sin embargo, estas nuevas armas no llegarán o lo harán demasiado tarde, y la flota alemana ya no logrará inquietar a las flotas aliadas.

EL RESULTADO DE LA BATALLA

Al final, aunque la batalla del Atlántico continúa hasta mayo de 1945, el resultado está claro desde el momento en el que se produce la retirada de la mayor parte de la flota submarina alemana del Atlántico.

Cuatro factores esenciales ayudan a los Aliados a conseguir la victoria en esta terrible lucha marítima:

- la entrada en guerra de los Estados Unidos que, si bien pone al servicio de los Aliados nuevos buques de guerra, permite sobre todo producir una importante cantidad de material. Su potente industria estandarizada está diseñada para producir más barcos de los que los alemanes puedan hundir;
- el uso masivo de la aviación para rastrear los submarinos alemanes que salen a la superficie;
- los avances científicos que ayudan a los Aliados, a partir de 1942-1943, a ganar ventaja gracias a un material más potente. Las flotas aliadas, que estaban entonces poco preparadas para la guerra contra los submarinos, desarrollan durante la batalla todo un arsenal de medidas que les permiten hundir muchos U-Boot, en comparación con los navíos aliados que estos últimos envían al fondo marino;
- finalmente, el desciframiento de ciertas comunicaciones alemanas permite identificar a muchos sumergibles.

El balance final de la batalla es terrible, tanto en hombres como en material. Los Aliados lamentan la pérdida de unos 45 000 hombres, más de 2500 buques mercantes y 175 buques de guerra. Por su parte, los alemanes pierden la mayoría de sus grandes buques de superficie, así como toda su tripulación, lo que representa a miles de hombres. Los pocos buques que no son destruidos serán inmovilizados en los puertos y capturados con la Liberación. Sin embargo, los submarinistas son los que pagan el precio más alto: de un total de 40 000 hombres, 25 000 mueren y 5000 son capturados por los Aliados. A nivel material, se destruyen alrededor de 700 sumergibles de un total de 830.

REPERCUSIONES DE LA BATALLA

LAS CONSECUENCIAS PARA LA CONTINUACIÓN DEL CONFLICTO

Aunque los ataques alemanes contra las naves aliadas en el Atlántico se suceden hasta el fin de la guerra, los alemanes ya no están capacitados para detener —ni siquiera para frenar— el impresionante transporte de hombres y de material que viaja del continente americano hacia el Reino Unido y África. Por lo tanto, una consecuencia directa de la retirada de las fuerzas alemanas del Atlántico en 1943 es la oportunidad que le brindan a los Aliados de preparar el desembarco de Normandía y, así, de abrir un nuevo frente para iniciar la liberación de la Europa ocupada. La operación, que culminará en el desembarco el 6 de junio de 1944, requerirá meses de preparación y el desplazamiento de un gran número de tropas y de material procedente de los Estados Unidos y de Canadá. Todo esto habría sido imposible —o habría conllevado incalculables pérdidas humanas y materiales—si los alemanes hubieran sido capaces de mantener su flota U-Boot al completo en el océano Atlántico.

Desembarco de un regimiento de infantería americano en las playas de Normandía, el 6 de junio de 1944.

Además, en el Pacífico, los americanos incorporan rápidamente sus ideas y las tácticas de Karl Dönitz para perjudicar a la potencia nipona. Así, se observa cómo patrullan «manadas de lobos» de submarinos americanos en el Pacífico, con el objetivo de hundir el máximo número de navíos japoneses para bloquear la economía nipona.

Este conflicto también permite que Canadá, que en los albores de la Segunda Guerra Mundial cuenta con una marina de guerra irrisoria, pueda dotarse de nuevos buques navales. En el mismo sentido, el ejército británico se ve obligado a renovar y actualizar la Royal Navy, que cuenta con ciertos navíos que pueden considerarse envejecidos.

Finalmente, la batalla del Atlántico también permitirá que se desarrollen algunos puertos americanos, en una época donde se produce la mayor demanda de navíos mercantes. Por ello, aparecen astilleros navales de construcción, sobre todo en la costa este de los Estados Unidos.

HACIA UNA NUEVA GUERRA NAVAL

Cabe destacar que la batalla cambia profundamente la forma de pensar la guerra marina. Ahora, muchas flotas de guerra se equipan de poderosos submarinos a los que los Estados Mayores les dan cada vez más importancia.

En los últimos años del conflicto, los alemanes también aportan muchas mejoras a sus U-Boot, pero llegan demasiado tarde y no le permitirán a Karl Dönitz recuperar la ventaja en una batalla que perdió al retirar la mayor parte de su flota submarina del Atlántico en el verano de 1943. Entre las novedades, los alemanes desarrollan submarinos capaces de mantenerse más tiempo sumergidos y de navegar más rápidamente bajo el agua. Al final de la guerra, los Estados vencedores se quedan con estas nuevas tecnologías.

En el bando aliado, también surgen muchas innovaciones. Así, los Aliados —y los alemanes hasta cierto punto— contribuyen a la creación y al desarrollo del sistema de radares. Al principio de la guerra, estos están aún lejos de estar listos y no ofrecen los resultados esperados. A título de ejemplo, al principio del conflicto no podían localizar a los U-Boot que se encontraban en la superficie.

Asimismo, durante la batalla del Atlántico se desarrollan

profundamente las granadas de guerra antisubmarinas. Antes de este enfrentamiento, un navío solo podía lanzar granadas por la parte trasera, raramente por los flancos, pero a una distancia muy corta. Por tanto, el navío estaba obligado a efectuar numerosas maniobras para posicionarse en relación con el submarino al que quería atacar, maniobras que también podían poner al atacante en peligro. La llegada de sistemas como el «Erizo» o el «Calamar» revoluciona la guerra antisubmarina al permitir que buques de guerra lancen granadas submarinas y cargas explosivas a 30 metros de distancia para el Erizo y a 100 metros para el sistema Calamar, lo que, por cierto, le causará muchos problemas a los submarinistas alemanes durante los últimos años de la batalla del Atlántico.

La última innovación notable que hace su aparición durante este enfrentamiento es el torpedero buscador con cabeza acústica activa, que debemos a los estadounidenses. Estos modelos son guiados de manera acústica basándose en el ruido emitido por la hélice de un submarino o de un buque de superficie. Los alemanes también crearán, poco después, su propio modelo de torpedero buscador, que se basará, asimismo, en el ruido producido por las hélices.

CONSECUENCIAS ECOLÓGICAS

Desgraciadamente, esta batalla tuvo consecuencias sobre los océanos aún visibles en la actualidad. De hecho, los fondos marinos fueron contaminados por los restos de navíos y, especialmente, por los numerosos submarinos alemanes que se hundieron en aguas atlánticas durante los enfrentamientos. Estos navíos, que contienen muchas sustancias tóxicas (mercurio, ácidos, metales pesados, etc.) se encuentran esparcidos por el océano desde hace décadas y las dejan escapar poco a poco. Este fenómeno corre el riesgo de causar la contaminación del medio acuático situado alrededor de los restos y, por lo tanto, representa un riesgo para el ecosistema del Atlántico. Se están estudiando algunas soluciones, incluyendo la construcción de bóvedas o cámaras que se colocarían alrededor de los escombros para frenar la fuga de sustancias nocivas.

EN RESUMEN

1939
1 sept.: inicio de la Segunda Guerra Mundial
3 sept.: inicio de la batalla del Atlántico

1940
22 jun.: armisticio entre Alemania y Francia
Oct.: desarrollo de la táctica de la «manada de lobos»

1941
Abr.: zona de neutralidad al oeste del meridiano 26
Dic.: entrada en guerra de los Estados Unidos

1943
Verano: retirada de la mayor parte de la flota
submarina alemana del Atlántico

1944
6 jun.: desembarco de Normandía

1945
8 may.: **capitulación de Alemania;**
fin de la batalla del Atlántico
2 sept.: capitulación de Japón;
fin de la Segunda Guerra Mundial

- La batalla del Atlántico es, con sus 68 meses ininterrumpidos de combates entre el continente europeo y americano, el enfrentamiento más largo de la Segunda Guerra Mundial. Resulta extremadamente desafiante tanto en el plano humano como en el financiero, con varias decenas de miles de víctimas en cada bando y millones de toneladas de material hundido.
- El que la longitud de esta batalla se tan impactante se

debe a que en ella se plantean cuestiones esenciales para la continuación del conflicto. De hecho, para que los Aliados se dobleguen, Adolf Hitler sabe que debe cortar todos los canales de comunicación y de transporte de ayuda del continente americano a las islas británicas. Por ello, la marina alemana intentará constantemente hundir el máximo número de buques en las rutas que atraviesan el océano Atlántico

- Sin embargo, el fracaso del bloqueo alemán le permitirá a los Aliados enviar suficientes hombres y material para abrir un nuevo frente terrestre en la Europa ocupada y, *in fine*, darle el golpe de gracia a la Alemania nazi.
- El rearme —que viola las cláusulas del Tratado de Versalles—, la modernización y las nuevas tácticas, sobre todo submarinas, de la Kriegsmarine, ayudadas por la falta de eficacia de la escolta de los convoyes aliados, permiten a las fuerzas del Eje perjudicar por un tiempo a los Aliados y hacer que la balanza se incline a su favor.
- Sin embargo, el descubrimiento de la codificación de las comunicaciones de los submarinos alemanes, el rediseño de los escoltas asignados a sus convoyes, el dominio del espacio aéreo sobre el Atlántico y la tenacidad de sus hombres, finalmente le dan la ventaja a las fuerzas aliadas. Desde ese momento, Alemania ya no será capaz de frenar el flujo de material que parte de los Estados Unidos y de Canadá.
- La batalla del Atlántico es testigo de avances científicos y tecnológicos en muchas áreas. También cambia la visión de los militares sobre el combate naval y, así, lo revoluciona.
- Sin embargo, aunque esta batalla permite avances técni-

cos, también causa graves problemas ecológicos que aún no se han resuelto, debido a que muchos navíos fueron hundidos durante este conflicto titánico.

PARA IR MÁS ALLÁ

FUENTES BIBLIOGRÁFICAS

- Bishop, Chris. 2008. *Les sous-marins de la Kriegsmarine. 1939-1945*. París: Éditions de Lodi.
- Campbell, John. 1985. *Naval Weapons of World War II*. Annapolis: Naval Institute Press.
- Cartier, Raymond. 1965. *La Seconde Guerre mondiale*. París: Larousse Paris-Match.
- Malbosc, Guy. 2011. *La bataille de l'Atlantique (1939-1945). La victoire logistique et celle du renseignement, clés de la victoire des armes*. París: Economica, colección *Campagnes & stratégies*.
- Peillard, Léonce. 1974. *La bataille de l'Atlantique*. París: Robert Laffont.
- Roper-Trevor, Hugh Redwald. 1965. *Hitler. Directives de guerre*. París: Arthaud
- Vallaud, Pierre. 2004. *La Seconde Guerre mondiale*. París: Acropole.
- Uboat.net. Consultado el 13 de diciembre de 2016. http://www.uboat.net/

FUENTES COMPLEMENTARIAS

- Brown, David. 2007. *Atlantic Escorts, Ships, Weapons & Tactics in World War II*. Barnsley: Seaforth Publishing.
- Hague, Arnold. 2000. *The Allied Convoy System*. Ontario: Vanwell Publishing.
- Milner, Marc. 2011. *Battle of the Atlantic*. Abingdon: History Press.

- Nesbit, Roy Conyers. 2008. *Ultra versus U-Boats. Enigma Decrypts in the National Archives*. Barnsley: Pen & Sword Military.
- Preston, Antony. 1979. *U-Boote: L'histoire des sous-marins allemands*. París: Nathan.
- Syrett, David. 1994. *The Defeat of the German U-Boats. The Battle of the Atlantic*. Columbia: University of South Carolina Press.

FUENTES ICONOGRÁFICAS

- Soldados alemanes arrancando una barrera en la frontera polaca, el 1 de septiembre de 1939. © Archivos federales alemanes.
- Retrato de Erich Raeder. © Archivos federales alemanes.
- Retrato de Karl Dönitz. La imagen reproducida está libre de derechos.
- Retrato de Sir Max Kennedy Horton. © Imperial War Museums.
- Retrato de Ernest King. La imagen reproducida está libre de derechos.
- Fotografía de un operador de radio dentro de un U-Boot. Abajo a la izquierda, se puede observar la máquina Enigma. © Archivos federales alemanes.
- Desembarco de un regimiento de infantería americano en las playas de Normandía, el 6 de junio de 1944. © Robert F. Sargent.

DOCUMENTALES

- *Dönitz VS Horton. La batalla del Atlántico*. Dirigido por

Jonathan Martin y Philip Nugus. Gran Bretaña, 2000.

- *La batalla del Atlántico.* Dirigido por René-Jean Bouyer. Francia, 2004.
- *Grandes batallas de la historia: la batalla del Atlántico.* Dirigido por Daniel Costelle. Francia, 2010.

MUSEOS Y EDIFICIO CONMEMORATIVO

- El monumento naval de Laboe, un monumento dedicado a los marineros alemanes víctimas de la Primera Guerra Mundial y a todos los marineros que desaparecieron durante la Segunda Guerra Mundial, Alemania.
- El museo *de Western Approaches*, situado en el antiguo cuartel general de los accesos occidentales, en Liverpool, Inglaterra.
- El museo marítimo del Atlántico, en Halifax, Canadá.

¡APRENDER NUNCA ANTES FUE TAN RÁPIDO!

www.en50minutos.es

www.en50Minutos.es

ISBN ebook: 9782806277398

ISBN papel: 9782806281760

Depósito legal: D/2016/12603/231

Libro realizado por Primento, *el socio digital de los editores*